Alun Ifans

COFIO

Gwasg Gomer 1985

Lluniau gan David Barlow
Argraffiad cyntaf—Mai 1985
Ail-argraffiad—Chwefror 1992

Argraffwyd gan J. D. Lewis a'i Feibion Cyf.,
Gwasg Gomer, Llandysul

Cyhoeddwyd dan nawdd Cynllun Llyfrau Darllen
Cyd-bwyllgor Addysg Cymru

CYNNWYS

1. CARADOG (y ganrif gyntaf O.C.)

Yn y flwyddyn 4 cyn Crist daeth y Rhufeiniaid i Brydain. Fe ddaethon nhw mewn llongau yn llawn o filwyr ac arfau i'n concro. Cafodd Caradog ei ddewis i arwain y Brythoniaid, (dyna'r enw arnon ni, y Cymry, yr amser hwnnw) yn erbyn y gelyn o Rufain. Gwisgai'r Brythoniaid grwyn anifeiliaid, ond gwisgai'r Rhufeiniaid wisg o ddur. Ymladdodd y Brythoniaid yn galed yn erbyn byddin Ostorius, arweinydd y Rhufeiniaid. Roedd y Rhufeiniaid yn dal eu tarianau uwch eu pennau er mwyn amddiffyn eu hunain. Ond pan saethai'r Rhufeiniaid at y Brythoniaid doedd dim ganddyn nhw i'w hamddiffyn.

Wedi brwydr galed, waedlyd collodd Caradog y dydd. Daliwyd Caradog a'i deulu, ac fe aethon nhw ag e mewn cadwynau i Rufain. Bu raid i Caradog fynd o flaen yr Ymerawdwr Claudius. Ymgrymodd y milwyr i gyd o flaen yr Ymerawdwr, ond ni wnaeth Caradog hynny.

"Plyga i lawr," gorchmynnodd yr ymerawdwr.

"Na wnaf," atebodd Caradog.

"Lladdwch e!" gwaeddodd un o'r milwyr.

"Lladdwch fi os ydych chi eisiau, ond fydd neb yn eich cofio am hynny. Ond os caf fyw a minnau heb ymgrymu, yna fe fydd pawb yn eich cofio am eich trugaredd," meddai Caradog.

O.C., Oed Crist—A.D.
y Rhufeiniaid—The Romans
arf/au—weapon/s
concro—to conquer
y Brythoniaid—the Britons
y Cymry—the Welsh
gelyn/ion—enemy/enemies
Rhufain—Rome

ymladd—to fight
byddin/oedd—army/armies
tarian/au—shield/s
gwaedlyd—bloody
ymerawdwr—emperor
ymgrymu—to bow
trugaredd—mercy

7

"Rwyt ti wedi siarad yn ddewr a di-ofn, Caradog," atebodd yr ymerawdwr. "Am hynny cei fyw yn Rhufain, ond ni chei fynd yn ôl i Brydain."

Bu Caradog fyw yn Rhufain am weddill ei oes.

di-ofn—fearless
gweddill ei oes—remainder of his
    life

2. DEWI SANT (tua 520—589)

Un o Ddyfed oedd Dewi Sant. Non oedd enw mam Dewi a Sandde oedd enw ei dad. Fe aeth Dewi i'r ysgol yn eglwys Henfynyw. Mae eglwys Henfynyw yn agos i Aberaeron. Enw ei athro oedd Peulin. Roedd Peulin yn ddall, ond fe roiodd Dewi ei olwg yn ôl iddo. Yn Oes y Seintiau roedd Dewi'n byw. Mynachod oedd y seintiau, a mynach oedd Dewi. Roedden nhw'n byw a gweithio mewn abatai neu fynachlogydd ac yn teithio oddi yno i wneud gwaith da. Sefydlodd Dewi ei fynachlog wrth ymyl Tyddewi yn nyffryn afon Alun mewn lle o'r enw Glyn Rhosyn. Bywyd caled iawn oedd bywyd y mynach ym mynachlog Dewi. Roedd rhaid i bob mynach weithio'n galed iawn yn y caeau, a threulio llawer o amser yn darllen a gweddïo. Doedd neb yn cael bwyta bwyd moethus, dim ond bara a llysiau. Doedd Dewi ei hunan ddim yn bwyta dim ond bara a dŵr.

sant/seintiau—saint/s
Oes y Seintiau—Age of the Saints
abaty/abatai—abbey/s
mynachlog/ydd—monastery/
    monasteries
sefydlu—to establish

bywyd—life
gweddïo—to pray
moethus—luxurious

8

Tyddewi

Mae pentref bychan o'r enw Llanddewi Brefi yn Nyfed. Un tro, roedd cyfarfod pwysig yno. Fe ddaeth llawer iawn o bobl yno—esgobion, athrawon a thywysogion. Roedd yn amhosibl i un dyn bregethu i'r bobl yma i gyd; doedden nhw ddim yn gallu ei weld na'i glywed e. Pan ddaeth Dewi i'r cyfarfod i bregethu, fe ddywedodd un o'r esgobion wrth Dewi am fynd i ben bryn uchel i bregethu. Ond doedd dim eisiau i Dewi wneud hynny achos pan ddechreuodd e bregethu, dyma'r ddaear yn codi dan ei draed, ac roedd pawb yno yn gallu ei weld a'i glywed yn glir. Roedd pawb yn gwrando'n ofalus ar bob gair. Neges Dewi oedd gofyn iddyn nhw fyw'n hapus gyda'i gilydd a pheidio â chweryla.

Dewi ydy ein nawddsant ni.

Bu Dewi farw ar Fawrth y cyntaf yn y flwyddyn 589. Rydyn ni'n cofio Dewi Sant trwy ddathlu Gŵyl Genedlaethol ar Fawrth y cyntaf.

tywysog/ion—prince/s	Gŵyl Genedlaethol—National
pregethu—to preach	Holiday
nawddsant—patron saint	

3.   HYWEL DDA (teyrnasai 910—950)

Pan oedd Hywel yn ddyn ifanc yn llys ei dad yn Neheubarth Cymru, roedd e'n darllen llyfrau, yn ysgrifennu, ac yn mynd i'r eglwys. Doedd e ddim yn debyg i'w frawd Clydog oedd yn hoffi chwarae.

Daeth Hywel yn frenin ar ôl ei frawd Clydog. Doedd Hywel ddim yn hoffi brwydro ac ymladd. Penderfynodd nad oedd e'n mynd i ryfela yn erbyn y Saeson. Daeth yn gyfaill mawr gyda brenin y Saeson, Edward. Mynnodd Hywel gael heddwch rhwng Cymru a Lloegr.

10

Teithiodd Hywel yn aml i lysoedd Lloegr. Sylwodd Hywel ar lawer o bethau yn Lloegr yr hoffai eu gweld yng Nghymru. Roedd darnau o arian o wahanol werth, a llun y brenin arnyn nhw, gan y Saeson. Bathodd Hywel arian yng Nghymru, gyda'i lun, ei enw, a'i deitl fel brenin Cymru ar bob darn arian.

Astudiodd Hywel gyfreithiau Alfred, tad Edward, yn ofalus. Sylwodd fod cyfreithiau Lloegr wedi eu hysgrifennu, â'r un gosb am yr un drosedd drwy'r wlad. Yng Nghymru roedd y gosb am yr un drosedd yn amrywio o le i le.

Cyn dechrau ar y gwaith o ysgrifennu cyfreithiau Cymru, aeth Hywel ar daith i Rufain i astudio cyfreithiau Rhufain. Roedd Hywel yn gwybod bod cyfreithiau Rhufain gyda'r gorau yn y byd y pryd hwnnw. Roedd e am gael y cyfreithiau gorau i Gymru hefyd.

Wedi dod yn ôl i Gymru trefnodd gynhadledd fawr yn Hendy-gwyn, i gasglu, trafod ac ysgrifennu cyfreithiau Cymru. Daeth chwech o wŷr doeth, un o bob cantref yng Nghymru, ato i'w helpu.

Ar ôl chwe wythnos o drafod ac ysgrifennu, cyhoeddwyd tri chopi o gyfreithiau Cymru.

Bu Hywel Dda yn frenin am ddeugain mlynedd. Cyfreithiau Hywel Dda oedd cyfreithiau Cymru am gannoedd o flynyddoedd ar ôl ei farw.

Dadorchuddiwyd plac yn Hendy-gwyn i goffáu Hywel Dda ar Hydref 20, 1979.

teyrnasu—to rule	trosedd/au—crime/s
llys/oedd—court/s	amrywio—to vary
Deheubarth—Southern area	cynhadledd—conference
rhyfela—to wage war	cantref—a hundred
y Saeson—the English	(division of land)
heddwch—peace	deugain—forty
gwerth—value	dadorchuddio—to unveil
bathu—to mint	coffáu—to commemorate

4. GWENLLIAN (?—1136)

Gwraig Gruffydd ap Rhys, Tywysog De Cymru, oedd Gwenllian. Roedd hi'n ferch i Dywysog Gwynedd. Cafodd Gruffydd a Gwenllian amser caled iawn wedi priodi achos y brwydrau gwaedlyd fuodd rhyngddyn nhw a'u gelynion, y Normaniaid. Fe aethon nhw i fyw i Aberteifi a ganwyd tri mab iddynt, Morgan, Maelgwn a Rhys.

Roedd Gruffydd yn gweld bod ei elynion yn mynd yn fwy peryglus bob dydd. Codai'r Normaniaid eu cestyll cryf yma a thraw trwy'r wlad. Penderfynodd Gruffydd fynd i'r Gogledd i ofyn help gan dad Gwenllian. Wedi i Gruffydd fynd i'r Gogledd, daeth newyddion i Aberteifi fod byddin o Normaniaid o gastell Cydweli yn barod i ymosod arno tra oedd ei gŵr i ffwrdd. Galwodd Gwenllian ei milwyr at ei gilydd a dangosodd ei bod hi am arwain ei dynion i ryfel i amddiffyn ei gwlad.

Arweiniodd hi ei byddin i Ddyffryn Gwendraeth Fach ac at droed Mynydd y Garreg, ychydig filltiroedd o Gydweli. Cyfarfu hi â'r gelyn yno yn y flwyddyn 1136. Arweinydd y Normaniaid oedd Maurice De Londres, arglwydd Castell Cydweli. Bu ymladd caled am oriau, ond er ei holl ddewrder, colli'r dydd a wnaeth Gwenllian. Lladdwyd hi a'i mab Morgan, a chymerwyd Maelgwn yn garcharor. Cewch ddarllen hanes Rhys ar dudalen 17. Bu hi farw'n ddewr a chladdwyd hi yn y maes a elwir hyd heddiw yn Faes Gwenllian.

ap—son of
y Normaniaid—the Normans
mab/meibion—son/s
yma a thraw—here and there
ymosod—to attack

rhyfel/oedd—war/s
arglwydd—lord
dewrder—bravery
carcharor/ion—prisoner/s
claddu—to bury

13

5. MADOG (glaniodd yng Ngogledd America ym 1170)

Mae llawer o bobl yn credu mai Christopher Columbus oedd y dyn cyntaf i ddarganfod America. Ond yn ôl hen chwedl hwyliodd un o dywysogion gogledd Cymru, Madog ab Owain Gwynedd, am America dri chan mlynedd o flaen Columbus. Blinodd Madog ar yr ymladd a'r cweryla parhaus yng Nghymru. Penderfynodd adael Cymru i chwilio am wlad newydd i fyw ynddi mewn heddwch. Adeiladodd un deg tair o longau bychain. Rhoddodd ddigon o fwyd a dŵr pur i'w yfed ar y llongau i barhau am amser hir. Yna aeth Madog a'i holl deulu i'r llongau. Doedd pob un o deulu Madog ddim eisiau gadael ei wlad ond oherwydd bod y teulu'n ei barchu cymaint roedden nhw'n fodlon ei ddilyn i unrhyw le.

Hwyliodd y llongau o harbwr Porthmadog tua'r gorllewin, gyda llong Madog, y capten, ar y blaen. Yn fuan, roedden nhw o olwg tir a dim ond môr ac awyr o'u cwmpas. Doedd dim cwmpawd gan longwyr yr amser hwnnw, felly roedd rhaid defnyddio'r haul a'r sêr i'w harwain. Wedi iddyn nhw fod ar y môr am wythnosau, cododd storm fawr a chwythwyd y llongau i bob cyfeiriad. Roedd ar rai ofn boddi ac roedd eraill yn dioddef o salwch môr. Ymlaen yr aeth Madog er ei fod e nawr yn amau a oedd tir o'i flaen. Fe fuon nhw ar y môr am naw mis, ac yna un bore, gwelodd un o'r dynion wylanod. Roedden nhw'n gwybod bod tir yn agos. Wedi hwylio ymlaen, daeth y tir yn glir iddyn nhw.

''Tir o'r diwedd!'' gwaeddodd Madog.

Glaniodd y llongau ar dir Gogledd America yn y

parhaus—constant   yn fuan—soon
gorllewin—west   cwmpawd—compass

15

flwyddyn 1170. Roedd y fordaith hir drosodd. Ar unwaith fe ddechreuon nhw adeiladu cabanau, a hela adar ac anifeiliaid yn y coedwigoedd a physgota yn yr afonydd. Indiaid Cochion oedd yn byw yn America. Ar y dechrau, doedden nhw ddim yn gyfeillgar iawn, ond gydag amser, daeth Madog a'i deulu yn gyfeillion mawr â'r Indiaid Cochion.

Indiaid Cochion—Red Indians
cyfeillgar—friendly

6. YR ARGLWYDD RHYS (RHYS AP GRUFFYDD) (tua 1132—1197)

Lladdwyd mam Rhys, Gwenllian, gan y Normaniaid. Bu Rhys yn frenin yn y Deheubarth am gyfnod hir a bu ef ac Owain Gwynedd, brenin Gogledd Cymru, yn ymladd yn aml yn erbyn y Normaniaid.

Un tro daeth Harri II, brenin Lloegr, i Gymru, gyda byddin fawr. Roedd Harri eisiau ymosod ar Ddinefwr, cartref Rhys. Daeth mynach i arwain Harri i Ddinefwr. Roedd y mynach yn gyfaill i Rhys, ond doedd y Brenin Harri ddim yn gwybod hynny. Arweiniodd y mynach y Brenin Harri drwy goedwigoedd a chorsydd, drwy afonydd a thros fynyddoedd uchel lle doedd neb yn byw. Penderfynodd Harri fynd adref achos roedd y wlad mor wyllt.

Yn y flwyddyn 1165, daeth Harri yn ôl i Gymru gyda byddin fawr. Aeth Rhys ac Owain Gwynedd i gyfarfod ag e yn agos i Gorwen. Ni fu raid iddyn nhw ymladd. Daeth storm ofnadwy a dihangodd y Saeson heb ymladd o gwbl.

Adeiladodd Rhys gastell newydd yn Ninefwr, ac un arall wedyn yn Aberteifi. Rhoddodd diroedd i'r mynachod a

cors/ydd—bog/s

sefydlodd fynachlogydd yn Ystrad-fflur a Thalyllychau. Roedd y mynachod yn bobl bwysig iawn yn amser Rhys. Y mynachod oedd y ffermwyr gorau.

Pobl bwysig eraill oedd y beirdd. Roedd y bobl yn hoff o ganu'r delyn a'r crwth, ac o farddoniaeth. Trefnodd Rhys eisteddfod fawr yn Aberteifi ym 1176. Hon oedd yr eisteddfod gyntaf. Roedd dwy brif gystadleuaeth yn yr eisteddfod, un i feirdd ac un i gerddorion. Y gwobrau oedd dwy gadair, un i'r bardd gorau a'r llall i'r cerddor gorau.

Bu Rhys farw yn y flwyddyn 1197 a chladdwyd ef yn Eglwys Gadeiriol Tyddewi.

canu'r delyn—to play the harp
cerddor/ion—musician/s

7. LLYWELYN FAWR (1173—1240)

Taid (tad-cu) Llywelyn ein Llyw Olaf oedd Llywelyn Fawr. Roedd e'n hoff iawn o hela. Roedd e'n cadw llawer o gŵn hela ond Gelert oedd ei hoff gi. Cafodd Llywelyn Gelert yn anrheg gan ei dad-yng-nghyfraith, y Brenin John o Loegr.

Un tro roedd Llywelyn yn aros mewn dyffryn unig yn y Gogledd. Roedd e'n mynnu mynd i hela, a chododd yn fore. Fe adawodd e Gelert, ei gi ffyddlon, i ofalu am ei faban. Roedd e'n gwybod y byddai'r baban yn ddiogel yng ngofal Gelert.

Tra oedd Llywelyn yn hela, daeth blaidd ffyrnig o gwmpas y babell i chwilio am fwyd. Aeth y blaidd i mewn i'r babell a byddai wedi lladd y baban oni bai am Gelert.

tad-yng-nghyfraith—father-in-law   blaidd—wolf
unig—lonely   ffyrnig—fierce
yng ngofal—in the care of

19

Neidiodd Gelert am wddf y blaidd ac ymladdodd y ddau â'i gilydd, y naill yn ceisio lladd y llall. Yn yr ymladd ffyrnig trawyd y crud a syrthiodd y baban ohono i'r llawr o dan y dillad. O'r diwedd cafodd Gelert afael yng ngwddf y blaidd, a'i wasgu â'i holl nerth. Doedd y blaidd ddim yn gallu dod yn rhydd o afael dannedd cryfion Gelert. Mewn eiliad roedd y blaidd yn gorwedd yn farw ar y llawr.

Ar ôl hela trwy'r dydd, dychwelodd Llywelyn heb ddal yr un carw. Aeth yn syth i'r babell, gwelodd y crud wedi ei droi â'i wyneb i waered, a Gelert yn gorwedd wrth ei ymyl yn waed i gyd. Meddyliodd fod Gelert wedi lladd y baban. Tynnodd ei gleddyf a thrawodd Gelert yn ei ochr. Syrthiodd Gelert gan edrych ar Llywelyn. Ceisiodd lyfu ei law a bu farw

Clywodd Llywelyn gri'r baban o ganol y pentwr dillad. Cododd y dillad gwaedlyd a gwelodd ei faban yn gorwedd o dan y dillad heb niwed arno. Ar y llawr wrth ymyl y crud roedd corff marw'r blaidd. Sylweddolodd Llywelyn ar unwaith fod ei gi ffyddlon, Gelert, wedi lladd y blaidd i achub bywyd ei faban. Roedd Llywelyn, heb aros i weld beth yn hollol oedd wedi digwydd, wedi lladd ei gi ffyddlon. Roedd yn edifar ganddo a chladdodd Llywelyn Gelert mewn bedd ar lan yr afon ger safle'r babell. Gosododd garreg ar y bedd i gofio am ei gi. Galwodd y lle hwnnw yn Fedd Gelert. Tyfodd pentref ymhen amser yn agos i'r bedd, ac wrth gwrs, Beddgelert ydy enw'r pentref hwnnw hyd heddiw.

taro—to hit, strike	pentwr—heap
wyneb i waered—upside down	yn hollol—exactly
cleddyf/au—sword/s	edifar—sorry, penitent
llyfu—to lick	safle/oedd—site/s
cri—cry	bedd/au—grave/s

8. LLYWELYN EIN LLYW OLAF (LLYWELYN AP GRUFFYDD) (tua 1223—1282)

Roedd Llywelyn a'i frawd hynaf Owain yn ifanc iawn pan ddewiswyd nhw i arwain ac i reoli'r wlad. Manteisiodd Harri III, brenin Lloegr, ar ddiffyg profiad y ddau. Anfonodd fyddin yn eu herbyn. Bu'n rhaid i'r ddau frawd ildio llawer o dir Cymru i Harri. Penderfynodd Llywelyn nad oedd e'n mynd i adael i frenin o Sais reoli Cymru. Ar ôl gorchfygu ei frawd Owain, aeth Llywelyn yn ei flaen i goncro Cymru i gyd. Enillodd e Geredigion, Powys a Deheubarth. Doedd Harri ddim yn hapus fod Llywelyn yn ennill y tir yn ôl. Anfonodd ei fyddin i Gymru, gan feddwl trechu Llywelyn. Cafodd Llywelyn rybudd fod byddin Harri ar ei ffordd. Arhosodd Llywelyn amdano ym mynyddoedd Ystrad Tywi. Gadawodd Llywelyn gannoedd o Saeson yn farw yn Ystrad Tywi y diwrnod hwnnw. Roedd Llywelyn nawr yn rheoli Cymru i gyd.

Bu Harri farw ym 1272, a daeth ei fab Edward I yn frenin. Roedd Edward eisiau bod yn ben ar Loegr a Chymru.

Yr amser yma roedd Llywelyn yn mynd i briodi Eleanor o Ffrainc. Er mwyn dial arno daliodd Edward Eleanor a'i charcharu yn ei blas yn Windsor. Gwrthododd Edward ei rhyddhau ac aeth yn rhyfel rhwng Llywelyn ac Edward ym 1276. Collodd Llywelyn y cwbl roedd e wedi ei ennill. Gadawodd Edward ychydig o dir i Llywelyn ar yr amod ei

manteisio—to take advantage
diffyg profiad—lack of experience
ildio—to yield
Sais/Saeson—Englishman/
   Englishmen
gorchfygu—to defeat

trechu—to defeat
priodi—to marry
dial (ar)—to avenge
carcharu—to imprison
rhyddhau—to free

22

fod e'n cadw'r heddwch. Rhyddhawyd Eleanor a phriodwyd hi â Llywelyn.

Bu heddwch wedyn am rai blynyddoedd. Ond roedd y Saeson eisiau mwy a mwy o arian o Gymru. Roedd swyddogion Edward yn gas a chreulon tuag at y Cymry. Yn y flwyddyn 1282 cafodd Llywelyn ddigon ar greulondeb Edward. Casglodd fyddin i ymosod arno. Dechreuodd Llywelyn drwy losgi cestyll y Saeson. Anfonodd Edward ei filwyr i Gymru ar unwaith, gyda neges nad oedd maddeuant i Llywelyn.

Un diwrnod, ger Llanfair-ym-Muallt, cafodd Llywelyn ei ddenu oddi wrth ei fyddin i drefnu pethau gydag un o ddynion Edward, Edmund Mortimer o Gastell Buallt. Sylweddolodd Llywelyn fod yna dwyll. Doedd yno neb i'w gyfarfod fel y trefnwyd. Carlamodd yn ei ôl i rybuddio'i filwyr. Gwelodd un o filwyr Mortimer e. Taflodd ei waywffon at Llywelyn a'i ladd. Torrodd y milwr ben Llywelyn a'i anfon at Edward. Rhoddodd Edward y pen ar ben Tŵr Llundain.

Mae carreg goffa yng Nghilmeri, yn agos i'r lle y cafodd Llywelyn ei ladd.

creulondeb—cruelty
maddeuant—forgiveness, pardon
denu—to attract, entice
twyll—deceit

gwaywffon—spear
Tŵr Llundain—The Tower of London
carreg goffa—memorial stone

9. YR ESGOB WILLIAM MORGAN (1545—1604)

Yn y flwyddyn 1588 cyhoeddwyd y Beibl yn Gymraeg. Y dyn a gyfieithodd y Beibl i'r Gymraeg oedd William Morgan.

Ffermwr tlawd oedd tad William Morgan. Roedd e'n byw yn y Tŷ Mawr, Wybrnant, Nant Conwy, Gwynedd.

24

Doedd dim ysgolion yng Nghymru yr adeg honno, ac felly gan fod William Morgan yn hoff iawn o ddysgu, aeth at fynach i gael gwersi.

Roedd tad William Morgan yn rhy dlawd i'w anfon i'r coleg, ond rhoddodd Morys Wyn o Wydir, y meistr tir, arian iddo fynd i goleg Sant Ioan, Caergrawnt. Dysgodd William Morgan Ladin, Groeg a Hebraeg yn y coleg. Aeth William Morgan yn ficer Llanrhaeadr-ym-Mochnant. (Mae Llanrhaeadr-ym-Mochnant ar y ffin rhwng Clwyd a Phowys). Yn Llanrhaeadr-ym-Mochnant, cyfieithodd y Beibl i'r Gymraeg.

Roedd William Salesbury a'r Dr Richard Davies yn barod wedi cyfieithu'r Testament Newydd i'r Gymraeg. Daeth gorchymyn oddi wrth y Frenhines Elizabeth fod yn rhaid cyfieithu'r Beibl i gyd i'r Gymraeg. William Morgan gafodd y gwaith o gyfieithu.

Chafodd William Morgan ddim llawer o heddwch i wneud ei waith yn Llanrhaeadr-ym-Mochnant. Roedd llawer o bobl yn gas iawn wrtho am ysgrifennu cymaint ac esgeuluso ei waith fel bugail ei bobl.

Ar ôl gorffen ei waith o gyfieithu'r Beibl, aeth William Morgan i Lundain i gadw llygad ar yr argraffu er mwyn gwneud yn siwr nad oedd dim gwallau sillafu yn y gwaith.

Daeth William Morgan yn Esgob Llandaf, ac wedyn yn Esgob Llanelwy. Mae cofgolofn i'r Esgob William Morgan y tu allan i'r eglwys gadeiriol yn Llanelwy.

meistr tir—landlord	argraffu—to print
Sant Ioan—Saint John	gwall/au—mistake/s
ffin—boundary	sillafu—to spell
esgeuluso—to neglect	

10. OWAIN GLYNDŴR (tua 1354—1416)

Cafodd Owain Glyndŵr ei eni tua'r flwyddyn 1354 mewn plasty yn Sycharth, ger Llansilin, yng ngogledd Cymru. Cafodd addysg dda. Aeth i Lundain i astudio'r gyfraith, ac yna ymladdodd dan frenin Lloegr, Rhisiart II, ym mrwydr Berwig ym 1385. Yna daeth adre i Sycharth gyda'i wraig Margaret. Torrwyd ar dawelwch ei fywyd gan y Sais, yr Arglwydd Grey. Roedd yr Arglwydd Grey yn gymydog i Owain. Rhwng stad yr Arglwydd Grey a stad Owain roedd darn o dir o'r enw Croesau. Ar un adeg roedd y tir yn perthyn i Owain, ond aeth yr Arglwydd Grey â'r tir oddi arno. Penderfynodd Owain nad oedd e'n mynd i golli tir fel hyn i Sais. Ym mis Medi 1400, casglodd Owain ei gyfeillion ynghyd. Cyhoeddwyd Owain yn Dywysog Cymru ac aeth y newyddion ar hyd y wlad fod Owain yn barod i arwain y Cymry. Yn ystod y blynyddoedd nesaf, arweiniodd Owain ei fyddin. Fe ymosodon nhw'n un fintai ar dai, trefi ac ar gestyll mawr. Syrthiodd un castell ar ôl y llall.

Un diwrnod bu bron i'r Saeson ddal Owain ar fynydd Pumlumon tra oedd e'n gwersylla gyda nifer fach o'i filwyr. Roedd y Saeson wedi ei ddilyn i ben y mynydd yn nhywyllwch y nos. Ond ymladdodd Owain a'i filwyr a threchu'r Saeson.

Yn y flwyddyn 1401 clywodd y Brenin Harri IV am y gwrthryfel, a daeth â byddin fawr i Gymru i geisio dal Owain. Bu'n rhaid i Owain ddianc ac ymguddio yn y

plasty—mansion
cymydog/cymdogion—
  neighbour/s
ar un adeg—at one time
ynghyd—together

mintai—troop, company
nifer—number
trechu—to overcome
gwrthryfel—mutiny, rebellion
ymguddio—to hide oneself

mynyddoedd am ysbaid cyn mynd ati i ailgydio yn y frwydr. Daliodd Owain ei hen elyn, yr Arglwydd Grey, yn Ionawr 1402, a charcharwyd e yng nghastell Dolbadarn.

Yn y flwyddyn 1404, fe ymosododd byddin Owain ar ddau gastell cadarn, Harlech ac Aberystwyth, a'u concro. Roedd Owain bellach yn frenin dros Gymru gyfan. Galwodd e senedd ynghyd ym Machynlleth. Penderfynodd y senedd fod yn rhaid cael Eglwys Gymreig gydag Archesgob o Gymro, hefyd dwy brifysgol, un yn y de a'r llall yn y gogledd.

Daeth y brenin Harri IV yn ei ôl i Gymru gyda byddin gref i orchfygu Owain. Daliwyd gwraig a phlant Owain a'u carcharu yn Llundain. Er i Owain ddal i frwydro hyd y diwedd collodd frwydr ar ôl brwydr. Bu raid iddo ffoi ac ymguddio, ac er i'r Saeson chwilio'n ddyfal amdano ffeindion nhw ddim ohono fe. Ni fu sôn amdano wedyn.

ysbaid—space of time
ailgydio (yn)—to resume
cadarn—solid, strong
bellach—further, by this time
Cymru gyfan—the whole of
   Wales

senedd—parliament
archesgob—archbishop
ffoi—to flee
dyfal—diligent, earnest

11. TWM SIÔN CATI (THOMAS JOHNS) (c. 1530—1609)

Bachgen o Dregaron oedd Twm Siôn Cati. Thomas Johns (neu Jones) oedd ei enw iawn. Roedd Twm yn treulio llawer o amser mewn ogof wrth ymyl Rhandir-mwyn, ac mae pobl yn galw'r ogof yna hyd heddiw yn Ogof Twm Siôn Cati.

Pan oedd Twm yn ifanc roedd yna lawer o ladron penffordd o gwmpas, ac roedd hi'n anodd iawn teithio o

29

gwmpas y wlad heb i leidr ymosod arnoch chi. Mae yna lawer o storîau da am Twm; roedd e'n hoff iawn o chwarae triciau.

Un tro cafodd waith gan sgweier y plas, i fynd â llawer o arian o Dregaron i Lundain. Wedi i Twm deithio am dipyn o ffordd, dyma leidr pen-ffordd ar ôl Twm a dryll yn ei law.

"Dy arian neu dy fywyd!" meddai wrth Twm.

Dyma Twm yn taflu'r arian ar y llawr, ac yn dweud wrth y lleidr,

"Dyn cas iawn yw fy meistr, ac mae'n siwr o fod yn ddidrugaredd wrthyf am golli ei arian. Wyt ti'n fodlon saethu dau dwll yn fy nghôt i, er mwyn dangos i'm meistr fy mod wedi ymladd dros ei arian?"

"O'r gorau," meddai'r lleidr, "rho dy gôt ar y pren acw."

Dyma'r lleidr yn saethu llawer o dyllau yng nghôt Twm.

"Diolch yn fawr i ti, syr," meddai Twm. "Rho un ergyd drwy fy het eto."

"Does dim rhagor o fwledi gyda fi," atebodd y lleidr.

"Nag oes?" meddai Twm. "Wel, mae bwledi gyda fi," ac fe dynnodd ei ddau ddryll. "Nawr te, tyrd i lawr o'r ceffyl yna, a rho dy arian i gyd i fi."

Roedd yn rhaid i'r lleidr ddod i lawr o'i geffyl a rhoi ei arian i gyd i Twm. Neidiodd Twm ar gefn y ceffyl ac i ffwrdd ag ef yn hapus i Lundain. Roedd mwy o arian gyda Twm yn awr nag oedd ganddo yn gadael Tregaron, a cheffyl newydd hefyd.

Enillodd Twm lawer o arian oddi wrth y lladron pen-ffordd oedd yn dwyn oddi ar bobl yn teithio ar y ffyrdd.

lladron pen-ffordd—highwaymen	meistr/i—master/s
sgweier—squire	didrugaredd—merciless
dryll/iau—gun/s	bwled/i—bullet/s

12. JOHN PENRY (1563—1593)

Cyhoeddodd y Brenin Harri VIII (Harri VIII oedd y brenin a briododd chwe gwaith) drwy Gymru, "Un wlad fydd Cymru a Lloegr o hyn allan, a does dim ond un iaith i fod ar gyfer pawb—yr iaith Saesneg. Fydd yna neb yn dal swydd bwysig yng Nghymru oni bydd yn Sais, a chaiff neb bregethu oni bydd yn pregethu yn Saesneg."

Roedd yn rhaid i'r Cymry dderbyn y gorchymyn neu gael eu carcharu. Daeth Elizabeth, merch Harri VIII, yn frenhines. Doedd dim Beibl yn yr iaith Gymraeg; y Beibl Saesneg a ddefnyddid mewn gwasanaethau crefyddol trwy Gymru. Saeson oedd y pregethwyr.

Teimlai John Penry, dyn ifanc o Gefn Brith, Llangamarch, fod y sefyllfa yn ddifrifol. Cafodd John Penry addysg dda. Aeth i Goleg Crist Aberhonddu, Coleg Peterhouse, Prifysgol Caergrawnt, ac yna i Brifysgol Rhydychen. Penderfynodd e weithio i sicrhau bod pobl Cymru yn cael addoli yn eu hiaith eu hunain, a chael pregethwyr a fedrai siarad a phregethu yn Gymraeg. Ysgrifennodd at y Frenhines Elizabeth a'r senedd yn dweud bod yna bobl yng Nghymru heb glywed am Dduw na Iesu Grist a bod yna Gymry'n gorfod gwrando ar bregethau Saesneg a gweddïau Lladin nad oedden nhw'n eu deall. Gofynnodd am bregethwyr a fedrai siarad a phregethu yn Gymraeg, yn yr iaith roedd y bobl yn ei deall.

Ni chafodd y llythyr groeso gan y senedd na'r frenhines,

crefyddol—religious
sefyllfa—situation
difrifol—serious
Caergrawnt—Cambridge
Rhydychen—Oxford
sicrhau—to ensure

medru—to be able
Duw—God
gorfod—to be obliged, obligation
pregeth/au—sermon/s
gweddi, gweddïau—prayer/s

a chododd helynt ofnadwy o'i herwydd. Carcharwyd John Penry am fis oherwydd iddo ysgrifennu'r llythyr.

Ar ôl ei ryddhau o'r carchar aeth John Penry ymlaen â'i waith. Ysgrifennodd eto, gyda'r un neges ag a geid yn y llythyr cyntaf. Bu'n rhaid iddo ddianc i'r Alban at gyfeillion, achos clywodd fod y frenhines wedi anfon milwyr i'w ladd.

Arhosodd yn yr Alban am dair blynedd, ond teimlai fod yna waith pwysig i'w wneud yng Nghymru. Gadawodd yr Alban ac aeth i Lundain. Roedd milwyr Elizabeth yn aros amdano. Fe'i daliwyd ac fe'i carcharwyd unwaith eto. Am hanner dydd ar ddydd Mawrth, Mai 29, 1593, clymwyd John Penry tu ôl i geffylau a llusgwyd ef trwy strydoedd Llundain, cyn ei grogi.

o'i herwydd—because of it
oherwydd—because
crogi—to hang

13. Y BARWN OWEN (yr 16eg ganrif)

Tua'r flwyddyn 1550 roedd nifer o ladron creulon yn byw yn agos i Ddolgellau yn ardal Dinas Mawddwy. Roedd gan lawer ohonyn nhw wallt coch, ac oherwydd lliw eu gwallt, roedd pobl yn eu galw'n 'Wylliaid Cochion Mawddwy'. Roedden nhw'n byw ar ladrata a lladd, heb gymryd trugaredd ar neb. Roedd ofn mawr ar bobl Dinas Mawddwy a doedd neb yn mynd o'r tŷ heb arfau. Roedd llawer o bobl yn gosod pladuriau a chrymanau yn y simneiau achos roedd y lladron creulon yma weithiau yn dringo i mewn i'r tai trwy'r simneiau mawr. Yn aml

gwylliad/iaid—bandit/s   cryman/au—sickle/s
pladur/iaid—scythe/s

34

roedden nhw'n dod i lawr o'u cuddfannau yn y mynydd-oedd gefn dydd golau i'r ffermydd, yn lladrata defaid a gwartheg, ac yn eu gyrru nhw i'w cuddfannau.

O'r diwedd roedd yn rhaid dal a chosbi'r lladron yma. Penderfynodd y Barwn Owen a Syr John Wyn o Wydir a nifer o ddynion eraill, fynd i ymosod ar yr haid wyllt o ladron. Un diwrnod cyn y Nadolig, cychwynnodd y Barwn Owen a'i ddynion dros Fwlch Oerddrws i Ddinas Mawddwy i ymosod ar y Gwylliaid. Roedd gan y Gwylliaid ysbïwr. Gwelodd e'r barwn a'i ddynion yn dringo'r mynydd. Rhedodd i ddweud wrth y Gwylliaid.

Ymosododd y barwn a'i ddynion ar y lladron a'u dal bron i gyd, a'u crogi. Tra oedd y dynion yn crogi'r Gwylliaid daeth hen wraig at y barwn i ofyn iddo arbed ei dau fab hi. Ni wrandawodd y barwn arni. Crogodd e'r ddau fachgen. Melltithiodd yr hen wraig y barwn, gan fygwth y byddai ei meibion eraill yn dial arno. Chwerthin wnaeth y barwn am ei phen.

Ychydig amser ar ôl hyn, roedd y barwn ar ei ffordd o Ddolgellau i Ddinas Mawddwy gyda Syr John Wyn pan yn sydyn syrthiodd coeden fawr ar draws eu ffordd. Ar unwaith, dyma gawod o saethau am eu pennau. Roedd y Gwylliaid yn cuddio ar ochr y ffordd. Syrthiodd y barwn i'r llawr a gorwedd yno mewn poen mawr. Daeth meibion eraill yr hen wraig a golchi eu dwylo yn ei waed, tra oedd e'n fyw o hyd. Roedden nhw wedi dial arno. Yn fuan wedyn, cafodd y Gwylliaid eu dal i gyd a'u crogi a chafodd Dinas Mawddwy lonydd.

cuddfan/nau—hiding place/s	melltithio—to curse
cefn dydd golau—broad daylight	saeth/au—arrow/s
haid/heidiau—swarm/s	yn fyw—alive
ysbïwr/ysbïwyr—spy/spies	llonydd—quiet, calm
arbed—to save, spare	

14. HARRI MORGAN (tua 1635—1688)

Un o'r môr-ladron mwyaf enwog yn y byd oedd Harri Morgan. Gadawodd ei gartref ym Mhencarn, Gwent, yn un deg saith oed am fywyd anturus ar y môr. Aeth i borthladd Bryste a hwyliodd i India'r Gorllewin. Cyrhaeddodd Barbados, ac yno gwerthodd y capten ef fel caethwas i weithio ar blanhigfa siwgr. Bu'n gweithio yno am saith mlynedd.

Wedi iddo ddod yn rhydd, aeth i Jamaica, ac yno cwrddodd â chriw o fôr-ladron, a dod yn fôr-leidr ei hun. Aeth gyda'r môr-ladron i ymosod ar longau Sbaen a dwyn eu trysorau nhw. Yn fuan roedd digon o arian ganddo i brynu llong, ac fe aeth ati i gasglu ei griw ei hun. Ef oedd y capten nawr, ac i ffwrdd ag ef i'r môr gyda'i griw gwyllt, di-ofn i ymosod, ysbeilio, lladd ac i ddinistrio llongau Sbaen. Doedd un llong ddim yn ddigon i Harri,—aeth yn gapten ar longau Edward Mansfield ac wedi i'r hen fôr-leidr hwnnw farw aeth yn "llyngesydd" yn ei le. Aeth Harri ati i ymosod ar drefi cyfoethocaf y Sbaenwyr yn America. Roedd digon o aur ac arian yn y trefi yma a nifer o drysorau gwerthfawr.

Ym 1668, casglodd Harri ddeg o longau a thua phum cant o ddynion a hwyliodd i Porto Bello, un o drefi cyfoethocaf y Sbaenwyr yn y Caribî. Bu ymladd ffyrnig, ofnadwy. O'r diwedd, fe lwyddodd Harri a'i ddynion i

môr-leidr/môr-ladron—pirate/s
anturus—adventurous
Bryste—Bristol
India'r Gorllewin—West Indies
caethwas/caethweision—slave/s
planhigfa—plantation
ysbeilio—to rob, plunder

llyngesydd—admiral
Sbaen—Spain
Sbaenwyr—Spaniards
aur ac arian—gold and silver
gwerthfawr—valuable

CASNEWYDD

ennill y ddau gastell. Lladdodd lawer iawn o'r bobl, a dwyn yr holl drysorau oddi yno.

Tref fwyaf cyfoethog y Sbaenwyr oedd Panama, ac ar ôl casglu llynges enfawr a channoedd o ddynion, dyma Harri yn dechrau ymosod arni. Llosgodd y rhan fwyaf o'r ddinas a lladd llawer o'r bobl . Cymerodd lawer o drysorau aur ac arian Periw a hwyliodd yn ôl i Jamaica.

Cyn bo hir cafodd ei gyhuddo o ymosod ar longau Sbaen pan oedd heddwch rhwng Sbaen a Lloegr. Cafodd ei anfon i Lundain i sefyll ei brawf a thaflwyd ef i garchar. Cafodd ei ryddhau a'i wneud yn farchog gan y Brenin Siarl II. Nawr Syr Harri Morgan oedd ef. Anfonwyd ef yn ôl i Jamaica i fod yn rheolwr ar yr ynys.

Bu Syr Harri Morgan farw yno, yn Port Royal, ym 1688, ac yno y claddwyd ef.

llynges—fleet, navy
cyhuddo—to accuse
prawf—trial

marchog—knight
rheolwr—governor
ynys/oedd—island/s

15. BARTI DDU
(BARTHOLOMEW ROBERTS) (1682—1722)

Cafodd Barti Ddu ei eni yng Nghasnewydd-bach, Dyfed ym 1682. Aeth Barti Ddu i'r môr ar long fasnach pan oedd yn ŵr ifanc iawn. Un diwrnod fe ymosododd môr-ladron ar y llong. Capten y môr-ladron oedd Cymro o'r enw Hywel Dafis, ac roedd yn rhaid i'r criw fynd gyda'r môr-ladron neu gael eu lladd. Penderfynodd Barti Ddu ymuno â chriw Hywel Dafis, a dyna ddechrau gyrfa Barti Ddu fel môr-leidr.

llong fasnach—merchant ship
Cymro—a Welshman

gyrfa/oedd—career/s

Cafodd Hywel Dafis ei ladd chwe wythnos wedyn, ac fe ddaeth Barti Ddu yn gapten ar y llong. Enw ei long oedd *Good Fortune*. Ymosododd ar lawer o longau o Sbaen a Portiwgal, ym Môr y Caribî.

Roedd Barti Ddu yn gapten beiddgar a di-ofn ac yn ffyrnig wrth ymosod ar unrhyw long y deuai ar ei thraws— llongau trysor, a llongau'n cario caethweision duon o Affrica i Ogledd a De America. Roedd llongwyr yn ofni wrth weld ei long yn dod amdanynt, y faner ddu a'i sgerbwd gwyn yn chwifio ar ben y mast, y gynnau mawr yn tasgu ac yn ffrwydro a rhesi o fôr-ladron creulon ar y deciau, eu cleddyfau yn eu dwylo yn barod i neidio ac ymosod a lladd.

Fe ymosododd Barti Ddu ar lynges o bedwar deg dwy o longau Portiwgal ger Brasil. Roedd y llongau yma yn llawn o aur, siwgr, baco a gynnau mawr a bach. Roedd Barti Ddu yn fentrus i ymosod ar y llongau yma i gyd. Fe hwyliodd i'w canol, gorchfygodd nhw i gyd a dwyn eu cargo gwerthfawr. Roedd Barti Ddu yn ffyrnig mewn brwydr, ond roedd yn drugarog wrth ei garcharorion, ac yn gapten teg ar ei griw. Hoffai wisgo dillad lliwgar ac roedd llawer o hwyl a sbri i'w gael ar ei long.

Un bore yn gynnar iawn fe ymosododd llong ryfel o Brydain ar ei long, ger Penrhyn Lopez. Fe fu brwydr ffyrnig yno ac wrth i Barti Ddu arwain ei ddynion yn erbyn llong y *Swallow*, dan ofal y Capten Chaloner Ogle, fe'i saethwyd yn farw gan y Capten Ogle. Cyn i griw Barti Ddu fynd yn

Môr y Caribî—Caribbean Sea
beiddgar—daring
sgerbwd—skeleton
tasgu—to splutter
ffrwydro—to explode
mentrus—venturesome

hwyl a sbri—fun and games
llong ryfel—warship
Prydain—Britain
penrhyn—cape

garcharorion, fe ofalodd y dynion gladdu eu capten dewr yn nŵr y môr, wedi ei wisgo yn ei ddillad lliwgar.

Cafodd ei griw eu crogi'n gyhoeddus wedyn yn Llundain.

cyhoeddus—public

16. GRIFFITH JONES (1683—1761)

Cafodd Griffith Jones ei eni ym Mhant-yr-efail ym mhlwyf Pen-boyr, Dyfed, a chafodd ei godi yng Nglyn Cuch. Tyrniwr coed oedd ei dad. Pan oedd Griffith Jones yn ddyn ifanc aeth i Gaerfyrddin i'w baratoi ei hun ar gyfer yr eglwys. Roedd e'n bregethwr gwych, ond nid am ei bregethu rydyn ni'n ei gofio. Mae e'n fwy enwog am ei waith diflino yn dysgu miloedd o blant a phobl mewn oed i ddarllen.

Yn y flwyddyn 1716 daeth Griffith Jones yn rheithor Llanddowror, (rhwng Caerfyrddin a Phenfro). Gydag arian y casgliad byddai Griffith Jones yn prynu bara a'i rannu i'r tlodion. Sylweddolodd nad oedd y rhan fwyaf o'r bobl yn gallu darllen nac ysgrifennu. Doedd y bobl ddim eisiau dysgu chwaith. Serch hynny, fe benderfynodd e eu dysgu.

Gwahoddodd e'r bobl roedd e'n rhannu bara iddyn nhw i ddod ato i'r eglwys i ddechrau dysgu darllen. Doedden nhw ddim yn fodlon ar y dechrau, ond oherwydd caredig-rwydd Griffith Jones yn rhoi bara iddyn nhw, allen nhw

plwyf/i—parish/es
tyrniwr coed—wood turner
diflino—untiring
pobl mewn oed—adults
rheithor—rector

casgliad—collection
rhannu—to share
y tlodion—the poor
caredigrwydd—kindness

42

ddim gwrthod. Dechreuodd e ddysgu pobl o bob oedran i ddarllen y Beibl a'r Catecism yn Gymraeg. Daeth y bobl i hoffi dysgu darllen ac roedd mwy a mwy yn dod yno bob dydd. Roedd ei ysgol yn orlawn, y plant yn dod yn y dydd a'u rhieni gyda'r nos. Daeth y bobl a'r plant i allu darllen ac ysgrifennu. Trwy ddarllen y Beibl daeth y bobl hefyd i wybod am ddaioni a ffordd well o fyw ac am fywyd Iesu Grist.

Y cam nesaf oedd sefydlu ysgol yn Llanddowror i hyff-orddi athrawon. Casglodd Griffith Jones arian i dalu'r athrawon ac i dalu am Feiblau i'r ysgolion. Ei gynllun wedyn oedd i bob athro fynd o ardal i ardal a byddai yntau'n mynd o gwmpas yr ardaloedd i arolygu'r gwaith. Roedd ysgol nos ar gyfer y bobl oedd yn gweithio yn ystod y dydd. Roedd pob athro'n aros mewn un ardal am dri mis cyn symud i ardal arall. Dyma ddechrau'r ysgolion cylch-ynol. Bu Griffith Jones farw yn y flwyddyn 1761. Erbyn hynny roedd 210 o ysgolion wedi eu sefydlu a thros 150,000 o bobl rhwng 6 a 70 oed wedi dysgu darllen y Beibl Cymraeg yn ysgolion Griffith Jones.

gorlawn—full to overflowing   arolygu—to supervise
gyda'r nos—in the evening   cylchynol—circulating
daioni—goodness

17. ANN THOMAS—Y Ferch o Gefnydfa (1704—1727)

Cafodd Ann ei geni ym 1704 ym Mhlasty Cefnydfa yn Llangynwyd, Morgannwg. Pan oedd hi'n ferch ifanc byddai Wil Hopcyn, y töwr, yn dod i'r plasty i weithio. Roedd Wil wrth ei fodd yn canu ac yn adrodd ei farddon-

töwr—tiler

44

iaeth wrth y gweision a'r morynion yn ystod y prydau bwyd yn y gegin.

Doedd Ann ddim i fod i siarad gyda'r gweithwyr na mynd i'r gegin atyn nhw. Weithiau, serch hynny, roedd Ann yn dod i'r gegin i wrando ar Wil.

Syrthiodd Ann mewn cariad â Wil Hopcyn. Ond, doedd Ann ddim yn gallu priodi Wil, y gweithiwr tlawd. Doedd merch y plas byth yn priodi gweithiwr tlawd yr adeg honno.

Roedd mam Ann eisiau iddi hi briodi Anthony Maddocks. Roedd tad Anthony Maddocks yn ddyn cyfoethog. Doedd Ann ddim yn hoffi Anthony Maddocks. Wil Hopcyn roedd Ann eisiau ei briodi. Daeth mam Ann i wybod am garwriaeth Ann a Wil, ac aeth ei mam â hi i'w hystafell a chloi'r drws arni. Methwyd â thorri ar garwriaeth y ddau,—Wil roedd Ann yn ei garu o hyd ac roedd hi'n ysgrifennu llythyrau ato. Anfonodd lythyrau a derbyn rhai oddi wrth Wil trwy law ei morwyn ffyddlon.

Yn anffodus, clywodd ei mam am y llythyrau ac aeth hi â'r papur ysgrifennu o'r ystafell. Ond eto medrodd Ann ysgrifennu at Wil trwy ddefnyddio dail sycamorwydden. Roedd coeden sycamorwydden yn tyfu wrth ffenestr ei hystafell ac roedd hi'n agor y ffenestr i gael dail. Yna, roedd hi'n defnyddio ei gwaed ei hun fel inc, ac roedd ei morwyn ffyddlon yn mynd â'r dail at Wil Hopcyn.

Daeth ei mam i wybod am hyn eto a dyma hi'n rhoi terfyn ar wasanaeth y forwyn ffyddlon.

Doedd gan Ann druan ddim ffordd i gysylltu â Wil nawr ac roedd hi'n ddigalon, yn drist ac yn unig. Poenai ei mam

yn ystod—during
gweithiwr/gweithwyr—
    workman/workmen
carwriaeth—courtship

yn anffodus—unfortunately
sycamorwydden—sycamore
rhoi terfyn ar—to terminate
digalon—depressed

hi bob dydd i briodi Anthony Maddocks, ac yn y diwedd addawodd Ann i'w briodi.

Aeth ei mam â hi i Ben-y-bont ar Ogwr i brynu gwisg briodas, a gwelodd Wil Hopcyn nhw o bell y diwrnod hwnnw. Roedd Wil yn ddigalon wrth weld golwg mor wael ar Ann, ac fe ysgrifennodd 'Bugeilio'r Gwenith Gwyn'.

Er holl lawenydd y briodas doedd calon Ann ddim yn yr hwyl, roedd ei chalon hi gyda Wil o hyd. Er bod Anthony Maddocks yn garedig iawn wrth Ann, ni allai yn ei fyw wneud Ann yn hapus.

Aeth Ann yn wannach, ni fwytâi fawr o ddim, a sylwodd ei mam ac Anthony Maddocks fod Ann yn gwanhau o ddydd i ddydd. Daeth meddygon i'w gweld, ond doedd dim y gallen nhw ei wneud i Ann. Siaradai Ann drwy'r dydd am ei chariad, Wil.

O'r diwedd, ac Ann yn wael iawn, dyma ei mam yn anfon neges at Wil Hopcyn yn gofyn iddo ddod i'r plas. Roedd Ann yn marw. Brysiodd Wil i Gefnydfa a chyrraedd yno mewn pryd i ddal Ann yn ei freichiau cyn iddi farw.

Yn Llangynwyd (mae Llangynwyd rhwng Maesteg a Phen-y-bont ar Ogwr) mae carreg fedd y Ferch o Gefnydfa, ac ar y garreg gerflun o un o'r dail sycamorwydden yr arferai Ann ysgrifennu arnynt at ei chariad Wil Hopcyn.

llawenydd—joy
cerflun—engraving

18. TWM O'R NANT (THOMAS EDWARDS) (1739—1810)

Cafodd Twm o'r Nant ei eni yn y flwyddyn 1739 ym Mhen Parchell, Llanefydd. Pan oedd e'n fachgen ifanc, symudodd ei rieni i'r Nant Isa, Clwyd, ac ar ôl enw'r fferm cafodd ei alw'n Twm o'r Nant. Ffermwr oedd ei dad, ond roedd y fferm yn un fach iawn, ac roedd y teulu'n un mawr.

Chafodd Twm ddim llawer o ysgol, dim ond tair wythnos. Ond roedd ei fam yn gallu darllen ac fe ddysgodd hi lawer iddo. Yna dysgodd Twm ysgrifennu yn yr efail gyda'r gof. Roedd ei rieni'n dlawd iawn. Doedden nhw ddim yn gallu prynu papur ysgrifennu iddo. Un diwrnod, aeth siop ar dân yn Ninbych ac fe gafodd mam Twm lawer o ddarnau o bapur ysgrifennu wedi eu hanner llosgi o'r siop am geiniog. Gwnïodd hi'r darnau at ei gilydd i wneud llyfr. Roedd gan Twm bapur i ysgrifennu arno wedyn.

Roedd Twm wrth ei fodd yn ysgrifennu barddoniaeth ac ysgrifennodd e nifer o anterliwtiau. Y mwyaf enwog oedd 'Tri Chryfion Byd', 'Pleser a Gofid' a 'Chyfoeth a Thlodi'. Roedd grwpiau o actorion yn mynd o gwmpas ffeiriau, pentrefi a ffermydd i actio'r anterliwtiau hyn. Hen wagen goed oedd y llwyfan fel rheol. Roedd pob anterliwt yn dechrau yr un ffordd, gyda'r Ffŵl yn ymddangos ar y llwyfan ac yn adrodd araith ddigri i dynnu sylw'r gynulleidfa. Yna roedd y Traethydd yn dod i'r llwyfan, ac wedi i hwnnw roi taw ar y Ffŵl, a rhoi crynodeb o'r anterliwt, roedd yr anterliwt yn mynd yn ei blaen. Roedd hefyd yn yr

gefail—smithy
ffair/ffeiriau—fair/s
gwagen/ni—waggon/s
araith/areithiau—speech/es

digri—amusing
tynnu sylw—to draw attention
rhoi taw—to silence
crynodeb—summary

anterliwt ganu ysgafn. Ar ôl gorffen actio roedd casgliad, ac yn aml iawn roedd copïau o'r anterliwt yn cael eu gwerthu. Roedd yr anterliwtiau'n beirniadu bywyd y cyfnod ac yn ymosod ar bobl ddiog ac anonest a stiwardiaid creulon.

copi/copïau—copy/copies
cyfnod/au—period/s
stiward/iaid—steward/s

19. IOLO MORGANNWG (EDWARD WILLIAMS) (1747—1826)

Edward Williams oedd enw iawn Iolo Morganwg. Cafodd ei eni ym mhlwyf Llancarfan ym Mro Morgannwg. Roedd y teulu yn dlawd iawn, ond roedd ei fam o deulu bonheddig. Aeth Iolo ddim i'r ysgol ond dysgodd ei fam e i ddarllen, ysgrifennu ac i rifo. Roedd Iolo yn ddysgwr da. Darllenodd bob llyfr yn y tŷ, ac fe gafodd ei fam fenthyg llawer o lyfrau gan gymdogion yn y Fro. Dysgodd Iolo reolau barddoniaeth Gymraeg. Roedd e'n hoff iawn o'r hen farddoniaeth ac yn arbennig o waith Dafydd ap Gwilym. Crefft y saer maen oedd crefft Iolo ac fe fu'n gweithio ym mhob sir yng Nghymru. Aeth i Lundain i helpu adeiladu pontydd dros afon Tafwys. Cerddai Iolo i bob man, ac wrth gerdded, darllenai a chariai fag ar ei gefn yn llawn o lyfrau.

Yn aml iawn, roedd Iolo yn mynd i blastai boneddigion i weithio. Yn y plastai yma roedd hen lawysgrifau, hen farddoniaeth a llyfrau ar hanes Cymru. Roedd Iolo yn

bonheddig—noble
crefft—craft
saer maen—mason

Tafwys—Thames
boneddigion—gentry
llawysgrif/au—manuscript/s

50

darllen y llawysgrifau hyn ac yn dysgu'r farddoniaeth ar ei gof. Mae nifer o gopïau yn llawysgrifen Iolo i'w cael yn y Llyfrgell Genedlaethol yn Aberystwyth.

Weithiau roedd Iolo yn ysgrifennu llawysgrifau ei hun ac yn dweud eu bod nhw'n hen lawysgrifau. Roedd e'n ysgrifennu barddoniaeth ac yn dweud mai Dafydd ap Gwilym oedd yr awdur. Roedd dychymyg byw iawn gan Iolo.

Dywedodd Iolo ei fod wedi darganfod hanes Gorsedd Beirdd Ynys Prydain mewn hen lawysgrifau a bod Gorsedd y Beirdd yn mynd yn ôl i amser y Derwyddon.

cof—memory
Llyfrgell Genedlaethol—
  National Library
dychymyg—imagination

Gorsedd y Beirdd—
  The Gorsedd of Bards
y Derwyddon—the Druids

20. JEMEIMA NICLAS (1750—1832)

Ar Chwefror 22, 1797, roedd Thomas Williams, Ynad Heddwch, Trelethyn, yn cerdded ar yr arfordir rhwng Abergwaun a Thyddewi yn Nyfed. Chwilio am ei ddefaid roedd Thomas Williams pan welodd dair llong ryfel yn hwylio ac yn nesáu at yr arfordir. Roedd y tair llong yn chwifio baneri Lloegr. Gwyddai Thomas Williams fod llongau Lloegr yn gwylio arfordir Ffrainc. Hefyd roedd Thomas Williams yn gyn-forwr ac yn adnabod llongau rhyfel gwahanol wledydd, a gwyddai mai llongau Ffrainc oedd y rhain. Wrth i'r llongau ddod yn nes dyma nhw'n tynnu baneri Lloegr i lawr ac yn rhoi baneri Ffrainc yn eu

Ynad Heddwch—Justice of the
  Peace
arfordir—coast

Ffrainc—France
cyn-forwr—ex-sailor

52

lle. Pan ddigwyddodd hyn deallodd Thomas Williams eu tric a bod yna drwbwl ar y ffordd.

Y Cadfridog Tate oedd arweinydd y criw o filwyr o Ffrainc ar y llongau. Roedd y Cadfridog Tate wedi cynllunio i lanio yng Nghymru, cerdded ei filwyr i Lundain a chymryd y ddinas honno yn enw Ffrainc.

Dim ond dyrnaid o filwyr oedd yn Abergwaun ar y pryd, achos roedd y gatrawd filwrol yng Nghastellmartin yn ymarfer. Anfonwyd gair ar frys at yr Arglwydd Cawdor a'i filwyr yng Nghastellmartin i ddod ar unwaith i Abergwaun. Doedd y Ffrancwyr fawr o dro yn glanio a rhedeg ar draws gwlad yn dinistrio a llosgi tai a ffermydd.

Rhuthrodd nifer o'r Ffrancwyr ar ffermdy Trehywel a'i droi'n bencadlys. Yno ceisiodd y Cadfridog Tate gynllunio ei daith am Lundain. Yn hen dŷ fferm y Brestgarn fe ruthrodd rhai o'r Ffrancwyr i mewn i'r tŷ i chwilio am fwyd; doedd neb o gwmpas. Meddyliodd y Ffrancwyr fod y teulu yn cuddio. Yn y Brestgarn mae yna hen gloc wyth niwrnod. Meddyliodd un Ffrancwr fod rhywun yn cuddio y tu mewn i'r cloc ac fe daniodd ergyd i mewn i'r cloc, ond doedd neb ynddo. (Mae'r cloc yn y Brestgarn o hyd, a'r twll bwled i'w weld yn glir.)

Ceisiodd merched Abergwaun helpu milwyr yr Arglwydd Cawdor. Arweinyddes y merched oedd Jemeima Niclas, dynes fawr gref. Roedd hi'n gweithio fel crydd yn Abergwaun. Gyda fforch wair daliodd un deg dau o filwyr Ffrainc a'u cerdded i garchar Abergwaun.

cadfridog—general	pencadlys—headquarters
glanio—to land	tanio—to fire
dyrnaid—fistful, handful	dynes—woman
catrawd filwrol—military regiment	crydd—shoemaker, cobbler
Ffrancwr/Ffrancwyr— Frenchman/Frenchmen	fforch wair/ffyrch gwair—hay fork/s

Roedd y merched yn gwisgo siolau coch a hetiau du ac yn cario ffyn, ffyrch, rhawiau ac offer fferm. Fel roedd hi'n tywyllu dyma filwyr Cawdor yn dechrau ymosod ar y Ffrancwyr. Aeth milwyr Cawdor yn gyntaf, ac ar y bryn y tu ôl iddyn nhw dyma Jemeima a merched Abergwaun yn ffurfio yn rhengoedd o dri, fel milwyr, a cherdded i fyny ac i lawr, nôl ac ymlaen. Gwnaeth y merched hyn am ddwy awr. Roedd y Ffrancwyr yn gallu eu gweld yn y gwyll ac edrychai'r merched fel byddin arall o filwyr yn barod i ymosod y tu ôl i filwyr Cawdor. Roedd ofn ar y Ffrancwyr nawr a dyma nhw'n dechrau cilio yn ôl tua'r môr.

Yn y bore, fe ildiodd y Ffrancwyr. Dyma'r Cadfridog Tate yn anfon neges o Drehywel at yr Arglwydd Cawdor yn dweud eu bod yn barod i ildio. Gorfododd yr Arglwydd Cawdor y Ffrancwyr i roi eu harfau i lawr. Aeth y Cadfridog Tate a'r Arglwydd Cawdor i dafarn y Royal Oak yn Abergwaun i arwyddo cytundeb. Carcharwyd y milwyr Ffrengig i gyd yng ngharchar Caerfyrddin nes i'r rhyfel rhwng Lloegr a Ffrainc orffen.

siôl/siolau—shawl/s	gwyll—darkness
ffon/ffyn—stick/s	cytundeb—agreement
offer fferm—farm implements	milwyr Ffrengig—French
rheng/oedd—row/s, rank/s	soldiers

21. ROBERT OWEN (1771—1858)

Mab i siopwr yn y Drenewydd, Powys oedd Robert Owen. Pan oedd e'n ddeg oed aeth i Lundain. Dim ond dwy bunt oedd ganddo yn ei boced. Arhosodd gyda'i frawd yn Llundain, a chafodd waith mewn siop ddillad. Gweithiodd yn galed iawn, a dysgodd lawer am ddillad a brethyn.

Cafodd fenthyg can punt gan ei frawd, ac aeth i

Fanceinion a phrynu busnes cotwm. Daeth ei fusnes yn llwyddiant mawr. Gwnaeth lawer iawn o arian o'i fusnes. Yna aeth i New Lanark yn yr Alban i agor melinau cotwm newydd. Rhoddodd waith i gannoedd o bobl.

Yr amser hwnnw roedd merched a phlant yn gweithio oriau hir yn y ffatrïoedd a'r melinau. Roedd eu cyflogau yn fach a'r bwyd yn ddrud iawn. Roedd eu tai'n fach, yn frwnt ac yn dywyll.

Gofalodd Robert Owen am y gweithwyr yn ei felinau. Roedd e'n talu cyflog da. Doedd plant ddim yn cael gweithio yno. Adeiladodd ysgol iddyn nhw. Robert Owen oedd y cyntaf yn y wlad i agor ysgol i'r babanod.

Agorodd siop i weithwyr ei felinau gael prynu nwyddau am bris rhesymol. Yn y flwyddyn 1806, bu'n rhaid i Robert Owen gau ei felin yn New Lanark oherwydd doedd dim cotwm ar gael o America, ond talodd gyflogau i'r gweithwyr am bedwar mis.

Gweithiodd Robert Owen yn galed iawn i wella bywyd y gweithwyr. Aeth i America ac i Ewrop i ddarlithio ar sut i wella tai, gwaith a bywyd y gweithwyr. Pwysleisiodd fod yn rhaid agor ysgolion i'r plant.

Trwy waith Robert Owen, pasiwyd deddf i stopio plant dan naw oed rhag gweithio mewn ffatrïoedd.

Bu farw ym 1858 a chladdwyd e yn y Drenewydd. Mae cofgolofn iddo yno.

Manceinion—Manchester	rhesymol—reasonable
busnes cotwm—cotton business	darlithio—to lecture
llwyddiant—success	pwysleisio—to emphasize
melinau cotwm—cotton mills	deddf/au—law/s
cyflog/au—wag/es	

22. DIC ABERDARON (RICHARD JONES) (1780—1843)

Mae Aberdaron tua deng milltir o Bwllheli yng Nghwyn-
edd. Pentref bach ar lan y môr ydy Aberdaron. O Aberdaron
roedd y seintiau a'r mynachod yn croesi i Ynys Enlli ar eu
pererindodau. Yn y flwyddyn 1780 cafodd bachgen o'r
enw Richard Jones ei eni yn Aberdaron ac fel Dic Aber-
daron roedd pawb yn ei nabod.

Fe ddysgodd Dic grefft ei dad o wneud cychod. Ond
doedd calon Dic ddim yn y gwaith. Un diwrnod dyma Dic
yn codi ei bac ac yn ffarwelio ag Aberdaron. Teithiodd i
Gaernarfon, Ynys Môn, Bangor, Lerpwl a Llundain. Does
neb yn siŵr beth oedd ei waith yn y llefydd yma. Roedd
Dic yn hoff iawn o gathod ac roedd ei gathod yn crwydro o
gwmpas y wlad yn gwmni iddo. Gwisgai ddillad carpiog
iawn ac roedd e'n edrych fel crwydryn.

Chafodd Dic ddim llawer o addysg, ond roedd ganddo
ddawn arbennig at ddysgu ieithoedd. Roedd e'n gallu
siarad llawer iawn ohonyn nhw. Mae rhai pobl yn dweud
ei fod yn gallu siarad un deg pump! Roedd ei bocedi yn
llawn o lyfrau. Geiriaduron oedd y llyfrau yma. Weithiau
roedd yn rhaid i Dic werthu ei lyfrau i gael arian i brynu
bwyd, ond pan oedd arian ganddo fe brynai ei lyfrau yn ôl.
Fe ysgrifennodd Dic eiriadur, geiriadur Groeg a Hebraeg.
Ceisiodd godi arian i dalu am gyhoeddi'r geiriadur, ond
roedd pobl yn anfodlon i roi arian i Dic. Felly ni
chyhoeddwyd y geiriadur.

Yn Llanelwy, yng Nghlwyd, mae bedd Dic Aberdaron.

pererindod/au—pilgrimage/s	dawn/doniau—skill/s, talent/s
Lerpwl—Liverpool	geiriadur/on—dictionary/
lle/oedd (llefydd)—place/s	dictionaries
carpiog—ragged	Groeg—Greek
crwydryn/crwydraid—tramp/s	Hebraeg—Hebrew

Aberdaron

23. BETSI CADWALADR (ELIZABETH DAVIES) (1789—1860)

Cafodd Betsi ei geni ym 1789 ar fferm yn agos i'r Bala. Roedd ei thad hi, Dafydd Cadwaladr, yn bregethwr gyda'r Methodistiaid. Pan oedd Betsi yn ferch fach, tua deg oed, bu ei mam farw ac yna roedd ei chwaer hi'n edrych ar ôl y cartref. Doedd Betsi ddim yn hoffi'r chwaer yma ac aeth i fyw gyda theulu arall yn y Bala. Yno dysgodd ddawnsio a chanu'r delyn. Blinodd Betsi yno a daeth awydd arni i fynd i weld y byd. Un nos Sul dringodd allan o'r tŷ drwy ffenestr a rhedeg i ffwrdd i Gaer. Roedd modryb ganddi yno, ond pan aeth Betsi ati, rhoddodd ei modryb arian iddi fynd yn ôl adref i'r Bala. Cymerodd Betsi'r arian, ond aeth hi ddim yn ôl i'r Bala—aeth i Lerpwl, a chafodd waith yno fel morwyn gyda theulu cyfoethog. Roedd y teulu yma yn teithio llawer a phob tro yn mynd â'u morwyn gyda nhw. Aeth Betsi gyda'r teulu i'r Alban ac i Iwerddon gyntaf, ac yna i'r Cyfandir, ac aros mewn dinasoedd fel Milano, Rhufain, Berlin, Wien, Paris, Madrid, Brwsel a Fenis. Yna penderfynodd y teulu fynd ar daith i'r India. Daeth tad Betsi i wybod ei bod hi am fynd i'r India ac aeth i Lerpwl i nôl Betsi yn ôl i'r Bala.

Arhosodd Betsi ddim yn hir yn y Bala—rhedodd i ffwrdd unwaith eto, y tro yma i Lundain. Yno cafodd waith fel morwyn i gapten llong. Aeth hi gyda'r capten a'i deulu o gwmpas y byd, i Dde America, China, Tasmania, ac i India'r Gorllewin. Bu bron i'r llong suddo mewn storm ym Mae Biscay, ac fe weithiodd Betsi yn galed yn y storm

pregethwr—preacher	Yr Alban—Scotland
Methodistiaid—Methodists	Iwerddon—Ireland
awydd—desire	Wien—Vienna
Caer—Chester	

60

honno i dynnu hwyliau'r llong i lawr. Roedd troseddwyr yn cael eu danfon i Tasmania yr adeg honno, a gwelodd Betsi lawer o'r dynion yma a'r ffordd greulon roedden nhw'n cael eu trin.

Ym 1854, pan oedd Betsi'n 65 oed, penderfynodd hi fynd yn nyrs i'r rhyfel yn y Crimea. Aeth i Ysbyty Guy's yn Llundain i weithio, ac i ddysgu sut i fod yn nyrs. Yna aeth Betsi a chriw o nyrsys i ofalu am y milwyr clwyfedig. Roedd cannoedd o filwyr yn marw. Ond doedd dim lle i Betsi gyda Florence Nightingale—doedd Florence Nightingale ddim eisiau help yn ei hysbyty hi yn Scutari yng Ngogledd Twrci. Roedd digon o nyrsys ganddi'n barod, meddai hi.

Roedd y milwyr clwyfedig yn Scutari wedi dod yr holl ffordd o'r Crimea—taith chwe diwrnod dros y Môr Du, ac roedd llawer o filwyr yn marw ar y ffordd i'r ysbyty yn Scutari. Mynnodd Betsi fynd dros y Môr Du ac agor ysbyty yn Balaclafa. Doedd Florence Nightingale ddim yn hoffi hyn. Gyda deg o nyrsys eraill gweithiodd Betsi'n galed iawn yno, yn y gegin yn y dydd ac yn mynd i weld y cleifion yn y nos. Daeth Florence Nightingale i weld Betsi yn Balaclafa, ond doedd y ddwy ddim yn·ffrindiau.

Gweithiodd Betsi'n rhy galed yn yr ysbyty yn Balaclafa ac ar ôl un mis ar ddeg aeth yn sâl a bu'n rhaid iddi ddod yn ôl i Lundain. Bu'n byw yn Llundain am bum mlynedd wedyn. Doedd dim llawer o arian ganddi ac nid oedd ei hiechyd hi yn dda iawn.

Bu Betsi farw yn Llundain ym mis Gorffennaf 1860, ond does neb yn gwybod lle mae ei bedd hi.

troseddwr/troseddwyr—
   criminal/s
trin—to treat
clwyfedig—wounded

Twrci—Turkey
Y Môr Du—The Black Sea

Ni ddaeth Betsi mor enwog â Florence Nightingale, ond mae rhai pobl yn dweud bod Betsi wedi gwneud gwaith cystal â hi.

24. DR. WILLIAM PRICE (1800—1893)

Cafodd William Price ei eni yng Ngwent ym 1800. Offeiriad oedd ei dad, ond roedd William Price eisiau bod yn feddyg. Aeth i'r ysgol am dair blynedd a hanner cyn mynd i weithio gyda meddyg yng Nghaerffili. Pan oedd e'n ugain oed aeth i Lundain i astudio ac i sefyll ei arholiadau yn y Royal College of Surgeons. Yna daeth yn ôl i Bontypridd fel meddyg.

Gwisgai William Price ddillad rhyfedd iawn—trowsus gwyrdd, gwasgod goch a chlogyn mawr gwyn, ac ar ei ben gwisgai groen llwynog. Roedd ganddo syniadau rhyfedd. Un o'i syniadau oedd llosgi corff yn hytrach na'i gladdu.

Rydyn ni'n llosgi cyrff heddiw, ond yn yr amser hwnnw doedd dim sôn am gorfflosgi. Roedd pobl yn meddwl bod y syniad yn un ofnadwy. Wedi i dad William Price farw, llosgodd e ei gorff. Yna bu ei fab hyna farw. (Enw ei fab oedd Iesu Grist.) Llosgodd ei gorff e hefyd.

Daeth yr heddlu i glywed am William Price yn llosgi cyrff ei dad a'i fab. Cafodd wŷs gan yr heddlu i ymddangos o flaen barnwr mewn llys barn. Penderfynodd y barnwr nad oedd William Price wedi gwneud dim drwg a chafodd fynd yn rhydd. Ar ôl hynny, mae dewis wedi bod gan bobl un ai i gladdu neu i losgi eu cyrff.

offeiriad/offeiriaid—clergyman,
  priest/s
clogyn—cloak

corfflosgi—cremation
gwŷs—summons
llys barn—court of law

Bu William Price farw ym 1893. Ei ddymuniad oedd i'w gorff gael ei losgi yn lle ei gladdu. Daeth llawer o bobl i Lantrisant ym Morgannwg i weld corff William Price yn cael ei losgi.

dymuniad/au—wish/es

25. S.R. (SAMUEL ROBERTS, LLANBRYN-MAIR) (1800—1885)

Tenant ar fferm oedd tad Samuel Roberts fel llawer o ffermwyr eraill yng Nghymru yr adeg honno. Roedd yn rhaid i'r ffermwyr dalu rhent i'r meistri tir. Roedd y rhent yn uchel iawn, ac roedd yn rhaid talu'r rhent neu bydden nhw'n cael eu troi allan o'r fferm. Roedd yn rhaid talu'r degwm hefyd i'r eglwys (y degwm oedd y ddegfed ran o gynnyrch fferm) a threthi i'r Llywodraeth.

Y stiwardiaid oedd yn casglu'r trethi dros y meistri tir. Saeson ac Albanwyr oedd y rhain gan amlaf ac roedden nhw'n gas a chreulon wrth y Cymry. Roedd bywyd yn galed a chreulon, ac fe ymfudodd llawer o Gymry i America.

Doedd neb gan y ffermwyr na'r gweithwyr i siarad drostyn nhw yn y senedd. Doedd dim pleidlais gan lawer o bobl i ethol eu haelod seneddol.

Dechreuodd S.R. bapur newydd *Y Cronicl.* Yn y papur newydd yma ysgrifennodd yn erbyn y meistri creulon, y rhenti uchel, cadw caethweision a chrogi. Ysgrifennodd hefyd dros ryddid i bobl gael addoli yn eu ffordd eu hunain,

degwm—tithe
cynnyrch—produce
treth/i—tax/es

pleidlais/pleidleisiau—vote/s
ethol—to elect
caethwas/caethweision—slave/s

1d

"S. R."

ac am yr hawl i bawb dros 21 oed gael y cyfle i bleidleisio mewn etholiadau.

S.R. feddyliodd gyntaf am Bost Ceiniog, ond Sais, Rowland Hill, sy'n cael y clod am ei ddechrau.

Roedd llawer o ymfudo o Gymru i Ogledd America achos creulondeb y meistri tir. Prynodd S.R. gan mil o erwau o dir yn Tennessee. Roedd e eisiau i'r Cymry gadw gyda'i gilydd, a chadw eu hiaith a'u ffordd o fyw. Ond pan aeth S.R. allan i Tennessee, cafodd siom enfawr; nid un darn mawr o dir oedd yno, ond nifer o ddarnau bach ar wasgar, ac roedd y tir yn ofnadwy o sâl.

Dechreuodd y Rhyfel Cartref rhwng y De a'r Gogledd yn America, ac roedd y ddwy fyddin yn ymladd ar dir S.R. Cafodd llawer iawn eu lladd a bu bron i S.R. gael ei grogi, ond daeth yn rhydd. Unwaith daeth Indiaid Cochion ac ymosod ar ei gartref. O'r diwedd, ar ôl bod yn sâl iawn, penderfynodd ddod yn ôl i Gymru.

Daeth yn ôl i Gymru yn ddyn tlawd iawn.

Post Ceiniog—Penny Post	ar wasgar—scattered
clod—praise	Rhyfel Cartref—Civil War
erw/au—acre/s	

26. TWM CARNABWTH (THOMAS REES) (1806—1876)

Tua'r flwyddyn 1840, roedd yna lawer o bobl yn gwrthryfela yn erbyn y tollbyrth. Clwydi mawr cryfion oedd y tollbyrth yma ar draws y ffyrdd. Perchenogion cyfoethog y ffyrdd oedd wedi codi'r tollbyrth. Roedd yn rhaid i bawb dalu toll am ddefnyddio'r ffyrdd, a gyda'r arian yma roedd

gwrthryfela—to rebel	toll/au—toll/s
tollborth/tollbyrth—toll-gate/s	

y perchenogion i fod i drwsio'r ffyrdd, ond doedden nhw ddim yn gwneud llawer o drwsio. Codwyd tollbyrth ar ffyrdd bach y wlad fel ei bod hi'n amhosibl teithio ymhell heb orfod talu llawer o arian a thalu nifer o weithiau. Ar un adeg, yng Nghaerfyrddin, roedd yna dri thollborth o fewn tair milltir.

Roedd pris y doll yn uchel hefyd,—pum ceiniog am geffyl a throl, naw ceiniog am ddeuddeg o wartheg, pum ceiniog am ddeuddeg o ddefaid, ac mae'n rhaid i ni gofio fod hyn yn arian mawr yr adeg honno.

Daeth criw o ddynion at ei gilydd yng ngogledd yr hen Sir Benfro i drafod y sefyllfa. Penderfynwyd cynnal protest yn erbyn y tollbyrth. Roedd y dynion yma, y rhan fwyaf ohonynt yn ffermwyr bach tlawd, wedi penderfynu galw eu mudiad protest yn Ferched Beca. Roedden nhw'n gwisgo dillad merched, ac yn duo eu hwynebau rhag i neb eu nabod. Eu bwriad oedd torri a malurio'r tollbyrth a llosgi'r tolltai.

Y tollborth cyntaf i gael ei dorri oedd un Efail-wen. Daeth tua phedwar cant o ddynion yno fin nos yn gwisgo dillad merched, wedi duo eu hwynebau ac yn cario pladur-iau, ffyrch gwair, barrau haearn a bwyeill i falurio a llosgi'r tollborth.

Y Beca cyntaf yn yr ymgyrch yn Efail-wen oedd Thomas Rees o Fynachlog-ddu, neu Twm Carnabwth fel roedd pawb yn ei alw. Roedd Twm yn ddyn mawr ac yn enwog am baffio mewn ffeiriau.

---

ceffyl a throl—horse and cart
mudiad—movement
Merched Beca—The Daughters
   of Rebecca
duo—to blacken
bwriad/au—intention/s

malurio—to break into fragments
tollty/tolltai—toll-house/s
min nos—evening
bwyell/bwyeill—axe/s
ymgyrch/oedd—campaign/s

Fis ar ôl malurio tollborth Efail-wen codwyd un arall yno, a daeth Merched Beca eto a dinistrio'r tollborth yn llwyr. Ni chodwyd y tollborth wedyn yn Efail-wen.

Bu Merched Beca yn ymosod yn ffyrnig iawn ar y tollbyrth yn Hwlffordd, Caerfyrddin, Sanclêr, Aberteifi, Cydweli, y Tymbl, Llandysul, Pontarddulais a Chastell-newydd Emlyn. Weithiau roedden nhw'n ymosod ar blastai sgweieriaid amhoblogaidd, ac yn llosgi eu heiddo.

Roedd arweinyddion gwahanol i bob ardal. Nid un Beca oedd yna, ond nifer ohonynt—dynion fel Sioni Sgubor Fawr a Dai'r Cantwr. Cafodd y ddau yna eu dal, eu carcharu a'u halltudio i Awstralia.

Roedd Merched Beca yn ymosod ar dollborth mor ddirgel ac yn diflannu mor ddiseremoni, fel roedd hi'n anodd iawn i'r awdurdodau wybod pwy oedd Merched Beca na lle byddai'r Merched yn taro ac yn ymosod nesaf. Daeth milwyr i Ddyfed i geisio tawelu Merched Beca ond methu wnaethon nhw.

Yn y diwedd, ar ôl i nifer o dollbyrth gael eu malurio bu'n rhaid i'r Llywodraeth gymryd sylw. Daeth Comisiwn Brenhinol i Ddyfed i edrych i gwynion Merched Beca. Ar ôl adroddiad y Comisiwn, pasiwyd deddf newydd yn dweud mai un cwmni fyddai piau'r tollbyrth yn Nyfed o hynny allan. Yn ogystal, roedd y pris i fynd drwy'r tollbyrth i fod yn llai nag a fu. Buddugoliaeth i fudiad Merched Beca!

amhoblogaidd—unpopular
eiddo—property
alltudio—to exile
dirgel—secret
diseremoni—unceremonious
awdurdod/au—authority/ authorities
tawelu—to calm, to quieten

llywodraeth—government
cymryd sylw—to pay attention
Comisiwn Brenhinol—Royal Commission
cwyn/ion—complaint/s
adroddiad/au—report/s
buddugoliaeth—victory

Yn y flwyddyn 1831 roedd ymladd ofnadwy ym Merthyr Tudful—ymladd rhwng gweithwyr a milwyr, ac fe gafodd rhai pobl eu lladd.

Roedd gweithfeydd haearn enwog o gwmpas Merthyr Tudful—yn Nowlais, Penydarren a Chyfarthfa. Roedd y gweithwyr yn slafio am oriau hir, ond doedden nhw ddim yn ennill llawer o arian am eu gwaith. Doedd neb gan y gweithwyr i siarad drostyn nhw yn y senedd. Meistri'r gweithfeydd oedd yn eistedd yn y senedd ac roedden nhw'n ddynion caled a chreulon. Felly, fe aeth y dynion ar streic a cherdded drwy dref Merthyr Tudful.

Richard Lewis, neu Dic Penderyn fel roedd pawb yn ei alw, oedd un o'r arweinwyr. Cafodd y meistri dipyn o ofn wrth weld y dynion yn cerdded drwy Ferthyr. Aeth y meistri i guddio i Westy'r Castell, ac roedd arnynt ofn—felly dyma nhw'n anfon i Aberhonddu am y milwyr. Fe ddaeth y milwyr yn gyflym iawn o Aberhonddu i Ferthyr. Roedd arfau gan y milwyr. Fe geisiodd y gweithwyr ddwyn eu gynnau. Fe daniodd y milwyr ar y gweithwyr. Bu brwydr galed y tu allan i'r gwesty'r diwrnod hwnnw. Cafodd un deg chwech o ddynion eu lladd, fe gafodd cant eu clwyfo, ac fe gafodd un deg chwech o filwyr eu clwyfo. Un o'r milwyr a gafodd ei glwyfo oedd Donald Black. Dic Penderyn a gafodd y bai a chafodd ei daflu i garchar.

Cafodd Dic ei gyhuddo o fwrw a thrywanu Donald Black â bidog. Bu'n rhaid i Dic sefyll ei brawf o flaen barnwr yng Nghaerdydd. Siaradodd nifer o bobl yn ei erbyn yn y llys. Dywedon nhw eu bod wedi gweld Dic yn

gweithfeydd haearn—iron works   trywanu—to stab
slafio—to slave   bidog—bayonet

clwyfo Donald Black, ond doedd Black ei hun ddim yn siwr. Cafwyd Dic yn euog a dedfrydwyd ef i'w grogi.

Fe wnaeth llawer o bobl eu gorau i gael Dic yn rhydd. Gweithiodd dyn o'r enw Joseph T. Price yn galed iawn, ond yn ofer. Cerddodd gwraig ifanc Dic gyda'i baban bach yr holl ffordd o Ferthyr i Gaerdydd lle'r oedd Dic yn y carchar.

Ar Awst 13eg 1831 crogwyd Dic Penderyn.

Flynyddoedd wedyn, yn Pennsylvania yn Unol Daleith-iau America, dywedodd dyn o'r enw Ieuan Parker pan oedd ar ei wely angau: ''Nid Dic Penderyn glwyfodd Donald Black. Fi wnaeth.''

dedfrydu—to give a verdict,   ofer—vain, wasteful
   to sentence   gwely angau—death bed

28. DAVID DAVIES, LLANDINAM (1818—1890)

Yn agos i Lanidloes mae pentref bach o'r enw Llandinam. Yno, ar ochr y ffordd, mae cofgolofn i David Davies.

Ar fferm fach, Drain Tewion, roedd David Davies yn byw. Roedd e'n un o naw o blant. Aeth i'r ysgol yn Llandinam, ond bu'n rhaid iddo adael yr ysgol i weithio ar y fferm gyda'i dad pan oedd e'n un ar ddeg oed. Dechreuodd David Davies fynd o fferm i fferm i lifio coed. Gweithiodd yn galed iawn; ffermio gartref a llifio coed. Bu farw ei dad ym 1846. Bu'n rhaid iddo weithio'n galetach fyth wedyn i ofalu am ei chwiorydd a'i frodyr.

Roedd gan David Davies ddiddordeb mewn adeiladu ffyrdd, pontydd a rheilffyrdd. Cafodd waith yn adeiladu ffyrdd a phontydd mewn llawer ardal. Yr adeg honno

llifio—to saw

roedd rheilffyrdd yn cael eu hagor yng Nghymru. Cafodd David Davies waith yn adeiladu nifer ohonyn nhw.

Tua'r un amser roedd pyllau glo yn cael eu hagor yng nghymoedd De Cymru. Agorodd David Davies ei byllau glo ei hun yng Nghwm Rhondda ac yn ardal Merthyr. Enw ei gwmni glo oedd 'The Ocean Coal Company'.

Roedd y rheilffyrdd yn cario'r glo o gymoedd Rhondda a Merthyr i'r dociau yng Nghaerdydd. Tyfodd y pyllau glo mor gyflym fel nad oedd dociau Caerdydd yn ddigon mawr i drafod ac allforio yr holl lo.

Adeiladodd David Davies reilffordd newydd o'i byllau glo i ddociau newydd Y Barri. Rhoddodd hyn waith i filoedd o ddynion yn Y Barri.

Gwnaeth David Davies lawer iawn o arian. Rhoddodd lawer o'i arian i nifer o achosion da. Fe oedd trysorydd cyntaf Coleg Prifysgol Cymru, Aberystwyth. Daeth hefyd yn Aelod Seneddol dros Sir Aberteifi.

pwll/pyllau glo—colliery/ collieries	trysorydd—treasurer
ardal—area	Aelod Seneddol—Member of Parliament

29. MICHAEL D. JONES (1822—1899)

Ar fore Mai 28, 1865, gadawodd llong fach o'r enw 'Y Mimosa' borthladd Lerpwl gyda mintai o 150 o bobl. Roedd y bobl yma yn gadael Cymru i ddechrau bywyd newydd ym Mhatagonia sy'n rhan o Ariannin yn Ne America.

Un o'r trefnyddion a weithiodd yn galed iawn i drefnu'r fenter yma oedd Michael D. Jones. Cafodd ei eni yn Nhŷ

 Ariannin—Argentina
menter—venture

Capel Llanuwchllyn. Ar ôl crwydro America daeth yn ôl i Gymru fel gweinidog yn y Bala. Roedd yna nifer o resymau am fod cymaint o bobl eisiau ymfudo o Gymru i Batagonia—caledi'r gwaith, oriau hir, cyflog bach, gormes y meistri tir a'r stiwardiaid, rhenti uchel a thenantiaid yn cael eu troi allan o'u ffermydd heb achos. Cafodd rhai tenantiaid eu troi allan am wrthod pleidleisio mewn etholiadau seneddol yn ôl dymuniad y meistr tir, eraill am fynd i gapel yn lle i'r eglwys, neu hyd yn oed am fod yn Gymry Cymraeg uniaith.

Teuluoedd o ffermwyr, glöwyr, gweithwyr heb waith a heb gartref ar ôl cael eu troi allan gan y meistri, oedd y rhan fwyaf o'r fintai gyntaf. Roedd y bobl yma eisiau byw mewn gwlad lle na fyddai meistri tir creulon, lle byddai capeli i addoli ynddyn nhw, ysgolion, rhyddid i siarad Cymraeg heb i neb chwerthin am eu pennau, a chyfle i fod yn berchen ar eu ffermydd eu hunain.

Doedd y fintai gyntaf yma ddim yn gwybod beth oedd o'u blaenau yr ochr draw i'r môr. Fe fuon nhw ar y môr am ddau fis cyn glanio ar un o draethau anial Patagonia ar Orffennaf 28, 1865.

Roedd dau ddyn wedi mynd allan yn gynnar yn y flwyddyn i archwilio'r wlad ac i wneud trefniadau gydag awdurdodau Ariannin. Doedd adroddiad y ddau ddyn ddim yn hollol gywir. Doedden nhw ddim yn sôn am yr anawsterau a fyddai'n wynebu'r fintai gyntaf, sef dim

rheswm/rhesymau—reason/s
ymfudo—to emigrate
caledi—hardship
gormes—oppression
tenant/iaid—tenant/s
pleidleisio—to vote
etholiadau seneddol—
   parliamentary elections

Cymry Cymraeg—Welsh-
   speaking Welshmen
rhyddid—freedom
anial—desolate
trefniadau—arrangements
anhawster/anawsterau—
   difficulty/difficulties

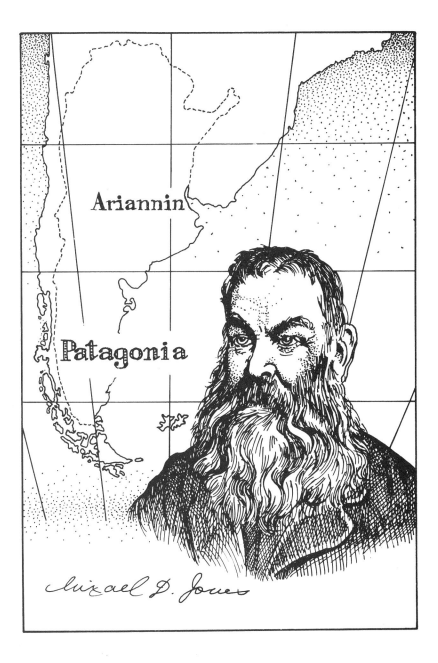

Ariannin

Patagonia

Michael D. Jones

cabanau, prinder dŵr, Indiaid, ansawdd y tir, dim ffyrdd, llifogydd a'r berthynas rhwng llywodraeth Ariannin a nhw.

Wedi glanio ar draeth agored heb gaban na thŷ i'w derbyn, roedd yn rhaid i'r ymfudwyr fyw mewn ogofâu am wythnosau. Roedd y man lle glaniodd y Mimosa wyth deg milltir i ffwrdd o ddyffryn yr Afon Chubut lle bwriadwyd glanio ac ymsefydlu. Doedd gan y fintai gyntaf fawr o syniad i ba gyfeiriad roedd y dyffryn, heb lwybr na ffordd i'w harwain dros y tir sych. Roedd yn rhaid iddyn nhw gerdded dros y paith am nad oedd digon o geffylau i'w cario. Prinder dŵr i'w yfed oedd y broblem fwya, a bu bron i lawer farw o syched.

Pe baen nhw'n gwybod ymlaen llaw gymaint fyddai eu treialon ym Mhatagonia, go brin byddai llawer wedi cychwyn.

Ar ôl pedwar diwrnod o deithio llafurus, cyrhaeddwyd y dyffryn a dechreuwyd gweithio i adeiladu cabanau, clirio'r tir, codi capel ac ysgol. Caled iawn fu'r gwaith ar y dechrau ond fe roiodd llywodraeth Ariannin lawer o help iddyn nhw. Ceisiwyd trin y tir, ond siomedig oedd y cnydau. Roedd hi naill ai'n rhy sych neu byddai llifogydd yn dod i foddi'r caeau a difetha popeth.

Gyda'r blynyddoedd daeth y Cymry yn fwy profiadol, ac adeiladwyd cronfeydd dŵr a chamlesi o'r afon i ddyfrhau eu ffermydd. Wedi dod dros y broblem o ddyfrhau eu tir a rheoli llifogydd cafwyd cnydau ardderchog.

prinder—scarcity
ansawdd—quality
llif/ogydd—flood/s
perthynas—relation, relationship
ymfudwr/ymfudwyr—
  emigrant/s
paith—prairie

treialon—trials
llafurus—laborious
cnwd/cnydau—crop/s
difetha—to destroy
profiadol—experienced
camlas/camlesi—canal/s
dyfrhau—to water, irrigate

Erbyn 1895 roedd tua 3,700 o Gymry yn byw yn y Wladfa mewn nifer o bentrefi yn ymestyn o Rawson drwy Drelew i Ddolafon. Mae yna ffyrdd a rheilffordd yn rhedeg o Fadryn i nifer o bentrefi. Aeth nifer o Gymry i ymsefydlu ym mhen uchaf Dyffryn Camwy, wrth lethrau'r Andes, mewn dyffryn o'r enw Cwm Hyfryd.

Heddiw, mae yna nifer o bobl ym Mhatagonia yn parhau i siarad Cymraeg.

ymestyn—to stretch
llethr/au—slope/s

30. OWEN MORGAN EDWARDS (1858—1920)

Cafodd Owen Morgan Edwards ei eni mewn tyddyn to gwellt a llawr pridd iddo. Enw ei gartref oedd Coed-y-Pry. Safai tua milltir o Lanuwchllyn, wrth ymyl y Bala. Ffermwr tlawd oedd tad Owen Morgan Edwards.

Aeth O. M. Edwards, fel pob plentyn arall y pryd hwnnw, i'r Ysgol Sul cyn mynd i'r ysgol ddyddiol. Cymraeg oedd iaith yr Ysgol Sul. Cymraeg oedd iaith gyntaf pawb yn yr ardal.

Ond doedd neb yn siarad Cymraeg yn yr ysgol ddyddiol. Saesneg oedd popeth yno, er bod pob un o'r plant yn dod o gartrefi Cymraeg.

Pe clywid plentyn yn siarad Cymraeg, rhoddid cortyn am ei wddf â darn o bren ynghlwm wrtho. Roedd y ddwy lythyren 'W.N.' oedd ar y pren yn golygu 'Welsh Not.' Rhoddid y pren 'W.N.' am wddf y plentyn cyntaf a feiddiai siarad Cymraeg. Petai'r plentyn hwnnw yn clywed un o'r

tyddyn—small farm
dyddiol—daily
ynghlwm wrth—attached to

llythyren/llythrennau—letter/s
golygu—to mean
meiddio—to dare

79

YSGOLION CYMRU

plant eraill yn siarad Cymraeg dywedai wrth yr athrawes, a rhoddid y pren 'Welsh Not' am wddf y plentyn hwnnw.

Pwy bynnag a fyddai'n cario'r pren 'Welsh Not' ar ddiwedd y dydd, byddai'n cael y gansen neu'r wialen fedw gan yr athrawes.

Ar ddiwedd ei ddiwrnod cyntaf yn yr ysgol, cafodd O. M. Edwards y gansen. Cafodd e'r gansen nifer fawr o weithiau ar ôl hynny. Doedd O. M. Edwards ddim yn cario storïau i'r athrawes fod plant eraill yn siarad Cymraeg.

Teimlai O. M. Edwards fod yna rywbeth o'i le pan fyddai plentyn yn cael ei gosbi am siarad iaith ei fam. Penderfynodd ei fod e'n mynd i wneud rhywbeth i sicrhau bod plant Cymru'n cael siarad eu hiaith eu hunain yn eu gwlad eu hunain.

Gadawodd O. M. Edwards ysgol Llanuwchllyn a mynd i Ysgol Ramadeg Y Bala, yna i Goleg Y Bala, Coleg Prifysgol Cymru, Aberystwyth, Prifysgol Glasgow ac yn olaf i Brifysgol Rhydychen. Pasiodd bob arholiad. Bu'n diwtor ym Mhrifysgol Rhydychen cyn dod yn ôl i Gymru fel Prif Arolygwr Ysgolion Cymru. Gweithiodd yn galed iawn fel Prif Arolygwr i gael gwared ar y 'Welsh Not.'

Ym 1892 dechreuodd O. M. Edwards y cylchgrawn *Cymru'r Plant*, a fe oedd yn sgrifennu'r rhan fwyaf o'r storïau a'r erthyglau oedd ynddo. Mae cofgolofn i O. M. Edwards yn Llanuwchllyn.

cansen—cane	cael gwared ar—to get rid of
gwialen fedw—birch cane	cylchgrawn/cylchgronau—
ysgol ramadeg—grammar school	magazine/s
Prif Arolygydd—Chief Inspector	

1		25		49		73	
2		26		50		74	
3		27		51		75	
4	o5	28		52		76	
5	-	29		53		77	
6		30		54		78	
7		31		55		79	
8		32		56		80	
9		33	2/99	57		81	
10		34		58		82	
11		35		59		83	
12		36		60		84	
13		37		61		85	
14		38		62		86	
15		39		63		87	
16		40		64		88	
17		41		65		89	
18		42		66		90	
19		43	3/04	67		91	
20		44		68		92	
21		45		69		COMMUNITY SERVICES	
22		46		70			
23		47		71		NPT/111	
24		48		72			